Der Hund ist Dir im Sturme treu,
der Mensch nicht mal im Winde.

1. Auflage 2003

Rezepte und Text: Jürgen Wenz
Layout und Satz: Christa Thieser, Art Direktion
Fotos: Jürgen Wenz und Christa Thieser
Produktion: Pucher & Beppler, Frankfurt am Main

ISBN 3-00-012130-7

easyverlag

Doggy Bag

Backen für Hunde

Sauce
TARTARE

Inhalt

Ein neues Zuhause ist eine aufregende Sache.
Viel Schmusen, Entdecken, – und auch die neue Umgebung will in Besitz genommen werden.

Frazer

Tequila

Gaston

Bär

Vorwort

Backen macht Freude und auch Hundeliebe geht durch den Magen!
Mein Rezeptbuch für Hundekekse versteht sich als Anregung für liebevolle Hundebesitzer und Hundefreunde. Und als Hommage an alle Hunde, die Ihren Besitzern das Leben erfreulicher und unterhaltsamer machen.

Hundekekse als Belohnung oder Ansporn oder einfach nur so, sind in jedem Supermarkt zu haben. Aber Selbstgebackenes hat Vorteile: die Zutaten sind genau bekannt und können auf die Vorlieben des Hundes abgestimmt werden. Farbstoffe und Konservierungsmittel werden nicht eingesetzt.

Backen als handwerkliche Tätigkeit ist entspannender Ausgleich zum hektischem Alltag.
Und ein entspannter Hundebesitzer erfreut den Hund.

Alle Rezepte sind erprobt. Die fertigen Kekse sind von hungrigen Hundemäulern mit viel Begeisterung angenommen worden. Und das erfreut dann wiederum den Bäcker.

In diesem Sinne: viel Spaß beim Backen und – guten Appetit!

Tequilas Welt

Dieses Buch ist meinem Hund Tequila gewidmet.
Sie hat es geschafft, trotz schwerer Hundekindheit und Tierheimleben ein besonders liebenswerter Hund zu werden. Sie hat es geschafft, sich die Zuneigung zum Menschen zu erhalten. Und sie hat es geschafft, aus meiner Hütte ein richtiges Zuhause zu machen. Danke, Tequila.

Hundekekse backen ist ganz einfach. Hilfreich sind ein Standmixer und ein Rührgerät. Es geht aber auch ohne. Einen Keksausstecher in Knochenform kann man auch selber basteln. Hundekekse müssen gut durchgebacken werden und an der Luft nachtrocknen. Kekse mit Fleisch am Besten im Kühlschrank aufheben. Lange werden die Vorräte sowieso nicht reichen - auch Hunde stehen auf Selbstgebackenes.

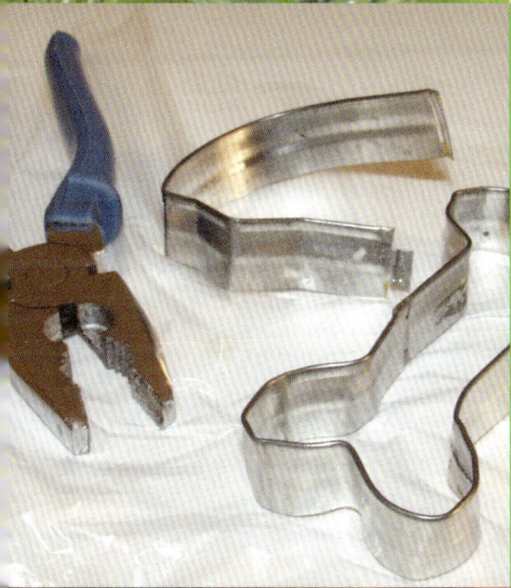

Kekse mit Fleisch oder Fisch

Piggies Delight

Zutaten

150 g Schweinebauch
1 kleine Zwiebel
1 Prise Salz
1 Eigelb
150 g Weizengries, fein

Vom Schweinebauch die Schwarte entfernen. Scheinebauch und Zwiebel in kleine Würfel schneiden und danach im Mixer pürieren. Mit den restlichen Zutaten zu einem homogenen Teig verarbeiten. Den Teig 30 Minuten ruhen lassen, dann auf einem Backblech zu einer 0,5 cm dicken Teigplatte ausrollen. Mit einem Messer oder Teigrad kleine Quadrate in den Teig schneiden.

Ca. 30 min bei 180°C backen. Mit einem Messer oder einer Schere die Quadrate ganz voneinander lösen und weitere 10 Minuten backen. Die Kekse im ausgeschalteten Ofen auskühlen und nachtrocknen lassen.

Fisch-Doppeldecker

Zutaten Teig 1

100 g Rotbarsch ohne Gräten, frisch oder gefroren
100 g Weizenkleie
3 EL Sonnenblumenöl
50 ml Wasser
50 ml Milch
50 g Stärke

Den Fisch in Stücke schneiden und mit den Flüssigkeiten im Mixer pürieren. Mit der Kleie und der Stärke zu einem festen Teig verkneten. Teig zu einer 0,5 cm dicken Platte ausrollen.

Zutaten Teig 2

150 g Mehl
70 g Margarine
1 Ei, 1 Prise Salz

Mehl, Margarine und Salz mit den Fingern zu einer krümeligen Masse verarbeiten. Ei und bei Bedarf etwas Wasser zufügen und zu einem Mürbeteig verkneten. Den Teig im Kühlschrank eine Stunde ruhen lassen. Zu einer dünnen Teigplatte ausrollen. Die Fisch-Kleie-Teigplatte mit einer Gabel einstechen und mit etwas Eiweiß befeuchten. Mürbeteigplatte darauflegen und mit einem Wellholz andrücken. Kekse mit Formen ausstechen. Bei 160°C im Backofen ca. 35 Minuten backen. Der Fischteig gibt auch ohne Mürbeteigdach einen hervorragenden Keks ab.

Thunfisch-Rollen

Zutaten Teig

150 g Vollkornmehl
1 EL Speisestärke
50 ml Wasser, 1 Prise Salz
Öl einer Dose Thunfisch (180 g Dosen-Füllgewicht)

Alle Zutaten zu einem festen Teig verkneten. 1/2 Stunde in Plastikfolie eingeschlagen im Kühlschrank ruhen lassen.

Zutaten Füllung

1 Dose Thunfisch, abgetropft
1 Ei, 1 EL Speisestärke

Die Zutaten für die Thunfisch-Füllung im Mixer oder mit einem Pürierstab zu einer homogenen Masse verarbeiten. Den Teig mit einem Wellholz auf einer bemehlten Fläche zu einem Rechteck dünn ausrollen. Die Füllung auf der Teigplatte verteilen. Einen schmalen Streifen am Ende der Teigplatte nicht mit der Füllung belegen. Den freien Teigrand mit Wasser befeuchten. Die Teigplatte zu einer festen Roulade aufrollen und das Teigende gut andrücken.

Die Rolle mit einem scharfen Messer in 0,5 cm dicke Stücke schneiden. Auf einem mit Backpapier belegten Blech bei 160° C ca. 40 Minuten backen. Danach im ausgeschalteten Backofen, am besten über Nacht, weiter trocknen lassen.

Kekse im Kühlschrank aufbewahren.

Bälle. Eine runde Sache.

Weizenfreie Thunfisch-sticks

Weizenfreie Thunfisch-sticks

Zutaten

200 g Maisgries (Polenta)
1/4 TL Backpulver
1 Knoblauchzehe
1 Dose Thunfisch in Öl
100 ml Wasser

Den Thunfisch mit dem Öl und Wasser im Mixer pürieren. Knoblauch durch eine Presse drücken. Polenta und Backpulver dazugeben und zu einer feuchten Masse verarbeiten. Die Keksmasse auf einer Arbeitsplatte ca. 0,5 cm – 1 cm dick ausstreichen. Mit einem Messer die Teigplatte in kleine Stäbchen zerteilen (Pommes Frites-Größe).

Die Kekse getrennt voneinander auf ein Backblech setzen und bei 175°C ca. 20 Min. backen, umdrehen und weitere 10 Min backen. Kekse im geöffneten Backofen nachtrocknen lassen.

Hühnerleber-Kekse (o. Abb.)

Zutaten

100 g Hühnerleber
100 g Leinsaat
150 g Vollkornmehl
1 Ei
2 TL Pflanzenöl
1 EL Bierhefe, bzw. zerdrückte Bierhefetabletten

Die Hühnerleber klein schneiden und im Mixer pürieren. Mit den übrigen Zutaten zu einem festen Teig verkneten. Mit einem Teelöffel Portionen vom Teig abnehmen und zwischen den Händen zu kleinen Kugeln formen.

Auf einem mit Backpapier ausgelegtem Backblech im vorgeheizten Backofen bei 180°C etwa 20 Minuten backen. Im ausgeschalteten Ofen nachtrocknen lassen.

Diese Kekse sind fantastisch als Hundemurmeln zum Spielen geeignet.

Nierenkeks vom Lamm

Zutaten

2 Lamm-Nieren (ca. 120 g)
1 kleine Zwiebel
1 kleiner Apfel
1 Knoblauchzehe
200 g Vollkornmehl
evtl. etwas Wasser

Die Nieren kleinschneiden und im Mixer zu Brei verarbeiten. Knoblauch durchpressen, Apfel und Zwiebel in Stücke schneiden und in den Mixer geben. Weiter zu Brei verarbeiten.

Den Brei in einer Schüssel mit dem Vollkornmehl zu einem festen Teig verkneten. Falls nötig Wasser zugeben. Den Teig auf einer bemehlten Arbeitsfläche ca. 0,5 cm dick ausrollen und Kekse ausstechen.

Bei 200°C ca. 30 Minuten backen.

16

Kalbsleber-Rauten

Zutaten

250 g Kalbsleber
50 g Weizenmehl
75 g Maisgries
1/2 TL Salz
1/2 EL Bierhefe oder zerstoßene Hefetabletten

Leber von Sehnen befreien. Dann die Leber in Stücke schneiden und im Mixer zerkleinern. Mit den restliche Zutaten zu einer streichfähigen, weichen Masse verarbeiten. Die Keksmasse auf einem mit Backpapier ausgelegtem Backblech ca. 0,5 cm hoch verteilen und glattstreichen. Mit einem nassen Messer oder Teigrädchen den Teig einritzen, so daß später die Teigplatte leichter auseinanderzubrechen ist.

Kekse bei 200°C ca. 25 Minuten backen. Im abgeschalteten Ofen abkühlen und nachtrocknen lassen.

Die Teigplatte in Stücke brechen und im Kühlschrank aufbewahren.

Schweineleber-Beisser

Zutaten

150 g Schweineleber
125 ml Wasser
300 g Mehl
1 TL Salz
1 Ei
2 EL Öl
2 EL Petersilie

Die Schweineleber in einer Pfanne von allen Seiten gut anbraten. Mit dem Wasser ablöschen. Schweineleber aus der Pfanne nehmen und sehr klein hacken oder im Mixer verarbeiten. Alle weiteren Zutaten mit dem Wasser aus der Pfanne zu einem geschmeidigen Teig verarbeiten. Den Teig 0,5 cm dick ausrollen und die gewünschten Formen ausstechen.

Bei 200°C ca. 15 – 20 Minuten backen, bis die Kekse hart und gut durch sind.

Der Ball ist rund und jedes Spiel dauert 90 Minuten.
Wenn es nach mir geht auch viel, viel länger.

Hundewiese, Buga-Gelände Frankfurt/Main

Marky Love

Zutaten

6 Markknochen, ca. 3-5 cm dick (ca. 100 g Rindermark)
1 TL Olivenöl
200 g Weizenmehl
1-2 EL Wasser
5-8 Minzeblätter

Das Rindermark aus den Knochen auslösen. Die Knochen aufheben um Bony Toys (Seite 124) zu backen. Minzeblätter feinhacken. Alle Zutaten in einer Schüssel zu einem festen Teig verkneten. Auf einer bemehlten Arbeitsfläche 0,5 cm dick ausrollen. Mit einem Ausstecher kleine Herzen ausstechen.

Bei 160°C ca. 30 Minuten backen, bis die Kekse hellbraun sind.
Im Ofen bei geöffneter Ofentür auf einem Kuchengitter sehr gut nachtrocknen lassen.

Lamm-Tomaten-Goodies

Urlaub am Meer ist eine aufregende Angelegenheit.
Bellen, buddeln, baden.

Lamm-Tomaten-Goodies

Zutaten

100 g Lamm-Hackfleisch
1 Tomate
1 EL gehackte Kräuter
1 Knoblauchzehe
100 g Vollkornmehl
2 TL Olivenöl
2 EL Wasser

Tomate entkernen und Haut entfernen. (Tomate an der Oberseite kreuzweise einritzen und mit kochendem Wasser überbrühen. Dann läßt sich die Haut einfach abziehen.) Mit dem Knoblauch im Mixer pürieren. Das Püree in einer Schüssel mit dem Lamm-Hackfleisch, den gehackten Kräutern und den restlichen Zutaten zu einem geschmeidigen Teig verarbeiten. Zwischen den Händen kleine Teigkugeln formen. Die Kugeln plattdrücken und auf ein Backblech setzen.

Bei 180°C ca. 40 Minuten backen.

„Happy Birthday, Baby."

So werde ich immer am 1. Juni geweckt. Und dann gibt es Geschenke und Hundekuchen.

„Das nennt man dann Geburtstag".

Geburtstagskuchen

Zutaten

500 g Hackfleisch
5 Scheiben Toastbrot
3 Eier
1 Tasse Reis, ungekocht
2 EL Petersilie
1 TL Salz
2 Scheiben Vollkornbrot
1 mittelgroße Möhre
1 kleine Zucchini
3 Knoblauchzehen

Die Toastbrotscheiben in Wasser einweichen. Die Möhre grob raspeln oder in kleine Würfel schneiden. Den Knoblauch pressen. Vollkornbrot in Würfel schneiden. Das eingeweichte Toastbrot ausdrücken und mit allen anderen Zutaten in einer Schüssel zu einer glatten Kuchenmasse verarbeiten.

Auf einem Backblech den Hundekuchenteig zu einem großen »Hundeknochen« formen. Bei 200° C eine Stunde im Backofen backen und komplett auskühlen lassen. Kuchen je nach Größe des Hundes oder der Anzahl der »geladenen Gäste« in Scheiben schneiden oder ganz servieren.

Jetzt kann eine tierische Party beginnen.

Kartoffel-Speck-Taler

Zutaten

150 g Kartoffeln
100 g Haferkleie
1 gehäufter Teelöffel Bierhefe (z.B. zerdrückte Bierhefetabletten)
50 g Speck
50 g Mehl

Zuerst die Kartoffeln kochen, abkühlen lassen, schälen und zerstampfen. Den Speck in der Zwischenzeit in sehr feine Würfel schneiden. Haferkleie, Bierhefe, Speck und Mehl zu den zermatschten Kartoffeln geben und alles zu einem festen Teig verkneten. Den Keksteig 0,5 cm dick ausrollen und kleine Taler ausstechen.

Kartoffeltaler bei 170°C ca. 30 Minuten backen.

Graupen-Rindfleisch-Kuchen

Zutaten

150 g Rinderhackfleisch
250 g Graupen (Gerste)
1 Ei
2 EL Speisestärke
1 Prise Salz

Graupen 30 – 40 Minuten in Wasser einweichen lassen, danach das Wasser abgießen. Mit den restlichen Zutaten zu einem Teig vermischen und in eine eingefettete und mit Mehl bestäubte Puddingform füllen. Die Oberfläche glattstreichen.

Den Kuchen bei 180°C ca. eine Stunde backen und im Ofen auskühlen lassen. Nach dem Auskühlen den Kuchen auf einen Teller stürzen. Scheibchenweise servieren – oder doch als Ganzes?

Im Kühlschrank aufbewahren.

ANDOUILLE AVEC BEURRE
****

ROTI DE VEAU MACARONI
AU GRATIN

OU 45.

POT AU FEU MENAGERE
****

CREME DE MARRON AVEC
CHANTILLY

OU 12.

Paris *Tequilas Welt*

WWWWWWWWW
PLATS
WWWWW

ROTI DE VEAU MACARONI AU GRATIN 45.

POT AU FEU MENAGERE 45.
TRANCHE DE BOEUF SAUCE TOMATE 45.
POT AU FEU POMMES FRITES 45.
FOIES DE VOLAILLE A LA PROVENCALE 35.
CHOUCROUTE GARNIE FRANCFORT 40.
POULET ROTI POMMES FRITES 32.
CHOU-FARCI MENAGERE 30.

PAVE DE RUMSTEACK GRILLE POMMES FRITES
COTES D'AGNEAU GRILLEES POMMES FRITES
STEACK AU POIVRE POELE POMMES FRITES
HAMBURGER STEACK POMMES FRITES
STEACK HACHE CRU SAUCE TARTARE
ROGNONS SAUTES MOUTARDE
CERVELLE D'AGNEAU MAITRE D'HOTEL

ENTRECOTE GRILLEE(POUR 2 PNES) POMMES FRITES 90.
WWWWWWWWWW

Unter französischen Tischen lässt es sich sehr gut speisen.

Thanksgiving Cantuccini

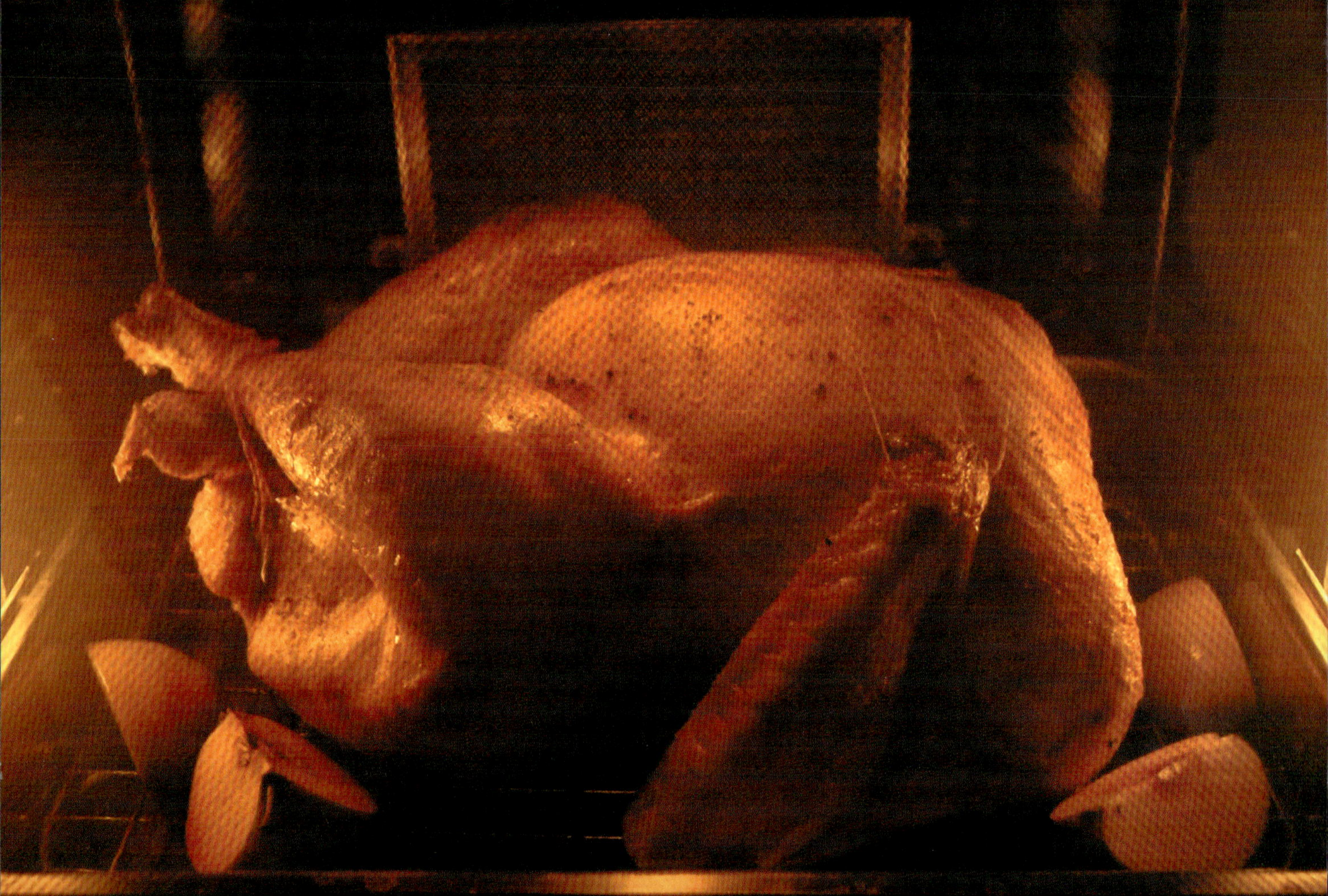

Alles Pute zum Erntedankfest!

Thanksgiving Cantuccini

Zutaten

100 g Putenbrust
1 EL Honig
200 g Polenta/Maismehl
1 EL Butter, 2 EL Wasser
1 Eigelb
1 Prise Zimt, Pistazien

Das Putenfleisch in kleine Stücke schneiden und im Mixer zu Brei verarbeiten. Mit den restlichen Zutaten zu einem festen Teig verkneten. Den Teig 30 Minuten ruhen lassen. Danach den Teig auf einer bemehlten Fläche zu einer halbrunden Rolle formen und 1 cm breite Stücke davon abschneiden. Die Scheiben auf ein Backblech legen und eine halbe Pistazie hineindrücken.

Bei 180°C ca. 30 Minuten backen, bis die Cantuccini fest und hellbraun sind. Nachtrocknen lassen. Happy Thanksgiving.

Es muß nicht immer Kaviar sein. Auch vegetarische Hundekekse erfreuen sich großer Beliebtheit.

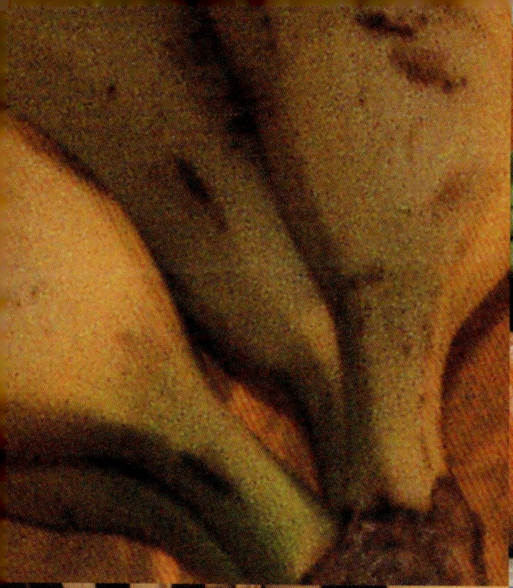

Kekse mit Gemüse und Obst

Fleischlos glücklich – und Fisch muss
es auch nicht immer sein?
Dann zur Abwechslung her mit den
vegetarischen Keksen!

Kürbiskern-Goodies

Zutaten

450 g Vollkornweizenmehl
170 g Haferflocken
2 EL Öl, 2 Knoblauchzehen
1 EL frische Basilikumblätter
250 ml Wasser
2 EL Kürbiskerne, ungesalzen
1 Prise Salz

Kürbiskerne feinmahlen oder hacken. Einige Kerne zur Dekoration zurückbehalten. Knoblauchzehen durchpressen. Alle Zutaten in der Küchenmaschine oder mit den Händen zu einem festen Teig verkneten. Teig auf bemehlter Fläche 1 cm dick ausrollen. Hundekekse mit einer Form ausstechen, auf ein Backblech legen und mit einem Kürbiskern verzieren.

Bei 150°C ca. 1 Stunde backen. Im ausgeschalteten Ofen erkalten lassen. Über Nacht weiter trocknen lassen.

Zuckerrüben-Kekse

Quark-Makronen

Grüne Kekse

Zutaten

1 EL Margarine
100 g Vollkornmehl
2 Eier
50 g Grünkernmehl
2 EL kleingehackte Kräuter

Margarine, Mehl und die Eier mit den Kräutern zu einem glatten Teig verarbeiten. Backpapier auf ein Blech legen. Mit einem Löffel kleine Häufchen auf das Backpapier setzen und etwas flach drücken.

Bei 160°C ca. 20 Minuten backen. Dann die Kekse wenden und noch 10 Minuten auf der anderen Seite weiter backen. Nachtrocknen lassen.

Erdnuss-Finger

Zutaten

100 g Maismehl
100 g Weizengrieß
75 g Quark
200 g Vollkornmehl
50 g ungesalzene Erdnüsse
1 TL Backpulver
3 EL Wasser

Die Erdnüsse im Mixer feinhacken oder mit eine Mühle mahlen (gesalzene Erdnüsse vorher gut abwaschen). Alle Zutaten zu einem geschmeidigen Teig verarbeiten. Etwas ruhen lassen. Mit den Händen zu kleinen fingerlangen Würstchen formen. In der Mitte einmal durchschneiden. Die „Finger" auf ein Backblech legen.

Bei 180°C ca. 15 – 20 Minuten backen. Auskühlen und nachtrocknen lassen.

Zuckerrüben-Kekse

Vom Herbstspaziergang können Sie die Hauptzutat mitbringen: auf abgeernteten Feldern liegen meistens noch einige Rüben herum.

Zutaten

200 g Zuckerrüben
1 Ei
250 g Mehl
1 Prise Zimt
1 EL Distelöl

Zuckerrübe schälen, in Stücke schneiden und in Wasser weich kochen. Wasser abgießen und mit einem Pürierstab zu Brei mixen oder zerstampfen. Mit den restlichen Zutaten zu einem Teig verkneten. Auf bemehlter Arbeitsfläche zu einer Teigplatte ausrollen. Kekse mit Förmchen ausstechen.

Bei 175°C im vorgeheizten Backofen ca. 30 Minuten backen. Kekse im ausgeschalteten, leicht geöffneten Ofen nachtrocknen lassen.

LA
FESTIVE
DECEMBER 1994

Hafer-Taler

Zutaten

200 g Roggenmehl
200 g Vollkornmehl
200 g Haferkleie
2 EL Olivenöl
300 ml Wasser
1 Prise Salz

Alle Zutaten in der Küchenmaschine oder mit den Händen zu einem festen Teig verkneten. Teig ausrollen und runde Taler ausstechen.

Taler auf ein Backblech legen und bei 150°C ca. 30 Minuten backen. Im ausgeschalteten Ofen erkalten lassen. Über Nacht weiter trocknen lassen.

Denn wie man sich bettet, so liegt man!

ALEX TÜRSCHMANN
PARFUMERIEN
Freude schenken mit 4711
ELLEN BETRIX
Weine
Nahrmittel
FEUERWEHR

Immer was los, hier in der Stadt.

Kokos-Bällchen

Zutaten

100 g Mehl
3 EL Ölivenöl
100 g Haferkleie
100 g Kokosraspel
1 Ei
50 ml Wasser
1 Prise Salz
1 TL Trockenhefe

Alle Zutaten zu einem Teig verarbeiten. 20 Minuten ruhen lassen. Mit den Händen kirschgroße Kugeln formen und auf ein Backblech setzen.

Bei 150°C ca. 40 Minuten backen. Nach 20 Minuten einmal umdrehen. Gut nachtrocknen lassen.

Gemüse-Apfel-Nocken

Zutaten 3 EL Sonnenblumenöl
2 Äpfel, 2 Möhren und etwas Spinat (insgesamt ca. 100 g)
100 g Kartoffelstärke, 1 Knoblauchzehe

Die Äpfel schälen und das Kerngehäuse entfernen. Äpfel und Möhren fein raspeln oder im Mixer zerkleinern. Den Spinat fein hacken und die Knoblauchzehe durchpressen. Nun das Ganze mit der Stärke und dem Öl gut vermengen und etwas ruhen lassen. Mit zwei Teelöffeln kleine Häufchen auf ein Backblech setzen. Ca. 30 Minuten bei 160°C backen, nochmals 40 Minuten bei 70°C nachtrocknen lassen.

Quark-Makronen

Zutaten 150 g Quark, 200 g gemahlene Haferflocken oder Haferkleie
6 EL Milch, 6 EL Sonnenblumenöl
1 Eigelb, 1 EL Fruchtzucker

Quark mit Milch und dem Öl glattrühren. Alle Zutaten gut vermischen. Mit zwei Teelöffeln kleine Nocken formen und auf ein Backblech setzen. Ca. 30 Minuten bei 200°C kross backen. Einmal wenden. Nachtrocknen lassen.

Käse-Plätzchen

Zutaten

- 100 g geriebener Emmentaler
- 100 g Margarine
- 200 g Mehl
- 1 zerdrückte Knoblauchzehe
- 1/4 TL Salz
- 2 Eigelb
- 1 EL Sesamkörner

Alle Zutaten gut miteinander verkneten. Auf einer bemehlten Arbeitsfläche den Teig 1 cm dick ausrollen und beliebige Formen ausstechen.

Im vorgeheizten Ofen werden die Käseplätzchen bei 190°C ca. 20 Minuten gebacken. An der Luft gut nachtrocknen lassen.

In kleinen Mengen ist Käse für Hunde durchaus eine erlaubter Genuss.

Land in Sicht!

Grün statt grau – das ist für mich Abenteuer pur! Andere Gerüche, andere Tiere, andere Menschen. Ein Wochenende auf dem Land hat einiges an Überraschungen auf Lager.

Couscous-Taler

Zutaten

100 g feingeriebene Möhre
200 g Couscous (Hartweizengries)
1 Ei
1 EL Öl
2 Knoblauchzehen
1 EL Speisestärke
100 ml Wasser

Das Wasser zum Kochen bringen. Topf vom Herd nehmen, Couscous in das heiße Wasser einrühren und 15 Minuten quellen lassen. Mit einer Gabel lockern und mit den anderen Zutaten zu einem Teig kneten. Mit den Händen zu kleinen Kugeln formen. Kugeln auf ein Backblech legen und flach drücken.

Bei 180°C ca. 30 Minuten backen. Nachtrocknen lassen.

Karotten-Kekse

Zutaten

150 g Maismehl (Polenta)
300 g Mehl
150 g Karotten
50 ml Öl
1 Prise Zimt
1 Prise Salz
50 ml Wasser

Karotten in kleine Stücke schneiden und mit Öl und Wasser im Mixer pürieren. Das Karottenpüree mit den anderen Zutaten zu einem festen Teig kneten. Den Teig zu einer Kugel formen und 30 Minuten im Kühlschrank ruhen lassen.

Den Teig 0,5 cm dick ausrollen, Formen ausstechen und bei 160°C ca. 30 Minuten backen.

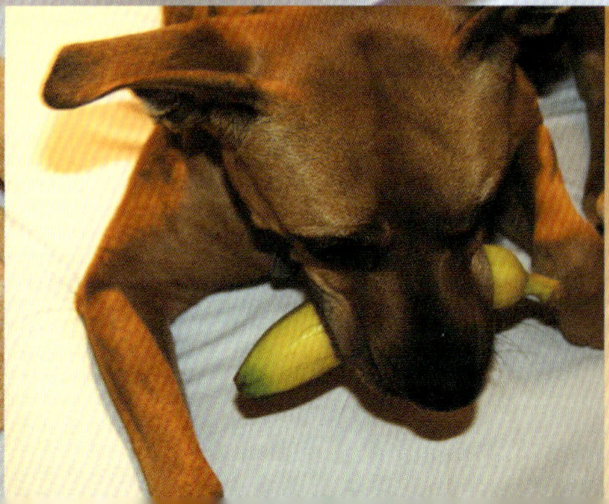

Bananen-Bissen

Zutaten

100 g Vollkornmehl
250 g Weizengries
1 Ei
100 g Banane (ca. eine halbe Banane)
2 EL Sonnenblumenöl
2 EL Wasser
1/2 EL Fruchtzucker oder 1 EL Rohrzucker

Die Banane mit einer Gabel zu Brei verdrücken. Alle weiteren Zutaten zum Bananenbrei dazugeben und zu einem festen Teig verkneten. Auf einer mit Weizengries bestreuten Arbeitsfläche den Teig ausrollen und Kekse ausstechen.

Bei 160°C ca. 30 Minuten goldgelb backen.

Frankfurt ist die Stadt der Banken und Werbeagenturen. Big Business. Und ich mittendrin.

Medien und Moneten...

...meine Welt

FRANCE

FRANCE

BRUT

Apfel-Happen

Zutaten

150 g Weizenvollkornmehl
150 g grobe Haferflocken
50 g Leinsamen
1 Apfel
1 Ei
1 EL Honig
2 EL Sonnenblumenöl
50 ml Wasser

Den Apfel mit der Schale bis auf das Kerngehäuse grob raspeln. Alle Zutaten zu einem feuchten Brei verarbeiten. Die Masse 0,5 cm dick auf ein mit Backpapier ausgelegtes Backblech streichen. Mit einem befeuchteten Messer oder einem Teigrädchen in Quadrate oder Rauten schneiden, damit sich die Teigplatte nach dem Backen einfach in Stücke brechen läßt.

Bei 200°C ca. 30 Minuten backen. Nachtrocknen lassen.

Sonnenblumen-Taler

Zutaten

100 g Weizenkleie
100 ml Wasser
100 g Margarine
100 g Stärke
150 g Mehl
1 Tasse geschälte Sonnenblumenkerne

Alle Zutaten und die Hälfte der Sonnenblumenkerne zu einem Teig verkneten. Zu einer Rolle formen und dann die Rolle in 1 cm dicke Stücke schneiden. Auf einem Teller in den restlichen Sonnenblumenkernen flachdrücken.

Die Taler ca. 30 Minuten bei 160°C im Backofen backen.

Der Herbst ist etwas ganz besonderes –

Blätter jagen, Äpfel fetzen,

Löcher graben,

Ohren spitzen

und schnell wieder weg und heim...

Tea - Time

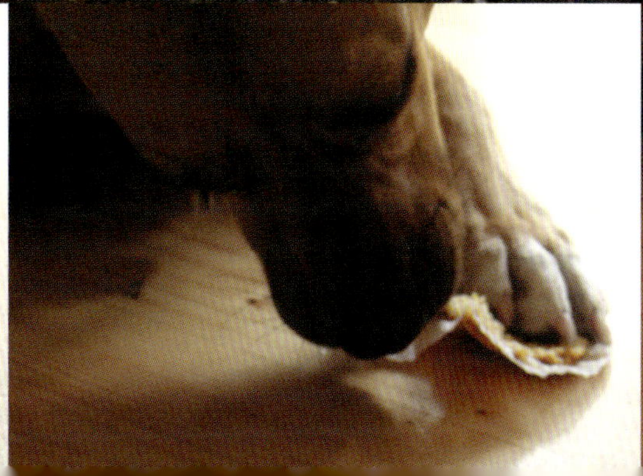

Käse-Karotten-Muffins

Zutaten

1 Tasse Mehl
1 Tasse Vollkornmehl
1 TL Backpulver
1 Tasse geriebener Käse
1 Tasse mittelgrob geriebene Karotten
2 Eier
1 Tasse Milch
1/2 Tasse Sonnenblumenöl
1 Prise Salz

Muffinförmchen gut einfetten oder mit Muffinpapierformen auslegen. Alle trockenen Zutaten in einer Schüssel vermengen. In einer anderen Schüssel Eier, Milch und Öl verrühren. Käse und Karottenraspel daruntermischen. Diese Masse schnell mit einem Kochlöffel in die Mehlmischung einarbeiten. Teig in die vorbereiteten Muffinförmchen einfüllen.

Bei 175°C ca. 20 – 25 Minuten backen bis die Muffins gebräunt und aufgegangen sind.

Auch lockeres Gebäck mit geringerem Beißfaktor kommt an.

Tofu-Zucchini-Kissen

Zutaten

250 g Tofu
250 g Zucchini
2 Eier
25 g Butter
1 EL Fruchtzucker
500 g Vollkornmehl

Tofu in Würfel schneiden und gut abtropfen lassen. Zucchini waschen und fein raspeln. Zucchini etwas stehen lassen, gut ausdrücken und die Flüssigkeit abgießen. Tofuwürfel, Zucchini, Butter und Eier mit einem Pürierstab oder im Mixer zu einem Brei verarbeiten. Fruchtzucker und Mehl zufügen und zu einem Teig verkneten. Teig auf bemehlter Arbeitsfläche ausrollen und Kekse ausstechen oder mit einem Teigrad in Quadrate schneiden.

Im vorgeheizten Backofen bei 160°C ca. 1 Stunde goldbraun backen. Die Kekse 24 Stunden nachtrocknen lassen.

Asia-Snack

Zutaten

100 g weißes Reismehl
50 g Sojamehl
1 Ei
1 EL Honig
2 EL Sesamöl

Reis- und Sojamehl vermengen. Honig, Ei und Öl gut verrühren, zu den trockenen Zutaten dazufügen und zu einem glatten Teig verkneten. Den Teig auf einer bemehlten Arbeitsfläche ausrollen und Kekse ausstechen.

Bei 160°C ca. 20 Minuten backen. Gut nachtrocknen lassen.

粉
250g

Algenkräcker

Zutaten

2 Nuri Blätter (Algenblätter für Sushi)
1 Knoblauchzehe
150 g Milchreis
1 Ei

Milchreis weich kochen. Abkühlen lassen. Nuri Blätter klein schneiden und in wenig Wasser einweichen. Nuriblätter ausdrücken. Knoblauch sehr fein hacken oder durch die Presse drücken. Eier in einer Schüssel aufschlagen und mit einer Gabel verquirlen. Alle Zutaten gut vermischen. Die Masse dünn auf ein mit Backpapier ausgelegtes Backblech aufstreichen.

Bei 160°C ca. 40 Minuten im Backofen backen.

Mit Messer, Schere oder Teigroller in kleine Quadrate oder Rauten schneiden. Kekse auf einem Kuchengitter nachtrocknen lassen.

Runter und drauf – für diesen Teppich
verlasse ich jedes Designer-Sofa.

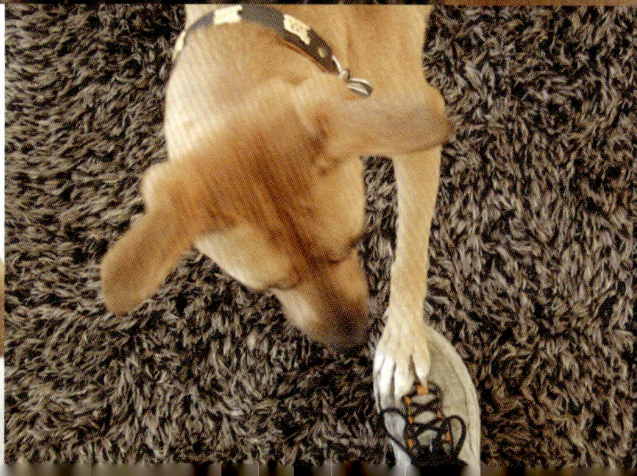

Müsli-Zapfen

Zutaten

250 g ungesüßtes Müsli
50 g getrocknete Pflaumen und Aprikosen
2 Eier

Das getrocknete Obst in kleine Stückchen schneiden. Die Eier verquirlen und mit den getrockneten Früchten und dem Müsli zu einer klebrigen Masse verkneten. Die Masse zwischen den bemehlten Händen zu kleinen, ca. 5 cm langen Zapfen formen.

Im vorgeheizten Backofen bei 150°C ca. 30 Minuten backen. Danach im ausgeschalteten Backofen gut nachtrocknen lassen.

Schöne Bescherung.

Doggy Specials

Doggy Ice Cream

Cool durch den Sommer. Dieses Eis macht auch Hunde glücklich und greift Gaumen und Zähne nicht an.

Zutaten

2 Kiwis
250 g Erdbeer-Joghurt

Kiwis schälen und im Mixer pürieren. Mit dem Joghurt verrühren und in einen Eiswürfelbehälter füllen. Die Eismasse einfrieren. Alternativ können andere Früchte verwendet werden, die sich leicht pürieren lassen.

Glänzender Auftritt

Hundeöl

Dank diesem zellschützenden Öl-Mix steht Ihr Liebling immer glänzend da.

Zutaten

100 ml Olivenöl
100 ml Kürbiskernöl
100 ml Lebertran
100 ml Flachsöl

Alle Öle in einer dunklen Flasche gut schütteln und im Kühlschrank aufbewahren.

Jeden Tag 2 Teelöffel des Öls unter das Hundefutter mischen.

Hundegras

Warum Hunde Gras fressen, ist wohl nicht bekannt. Zu schaden scheint es nicht und der Spaßfaktor beim Ausrupfen größer als es sich ein Mensch vorstellen kann. „Katzengrass” aus dem Blumengeschäft ist deshalb auch bei Hunden eine tierisch beliebte Topfpflanze.

Bony Toys

Zutaten

Markknochen, ohne Mark
1 Ei
100 g Haferflocken
2 EL Speisestärke
4 EL Wasser

Die Markknochen ca. 10 Minuten abkochen, damit sich Fleischreste und Sehnen besser entfernen lassen. Ausgekühlte Knochen von Fleischresten säubern. Fleischbrühe für Hundefutter oder bei anderen Keksrezepten anstatt Wasser verwenden.

Aus den Zutaten einen festen Brei formen und die Knochenöffnungen fest damit füllen. Die Knochen ca. 1 Stunde bei 160°C backen, bis die Füllung hart ist.

Der absolute Hundespaß – spielen, schlabbern, knabbern, beißen...

TROCKENFLEISCH (o. Abb.)

ZUTATEN 1 kg mageres Fleisch (Pute, Huhn, Rind oder Schwein)

Das Fleisch in kleine, ca. 1 cm große Würfel schneiden. Fett abschneiden. Die Würfel dicht an dicht auf mit Backpapier belegtes Backblech oder Rost legen. Fleisch bei 150°C im nicht vorgeheizten Ofen ca. 1 Stunde backen bzw. sterilisieren. Dann den Ofen auf 100°C einstellen und einen dicken Holzkochlöffel in die Backofentür klemmen. So kann die Feuchtigkeit im Fleisch besser entweichen.

Die Fleischwürfel 3 Stunden im Ofen trocknen lassen. Danach weitere 24 Stunden im ausgeschalteten Ofen ruhen lassen.

Das Trockenfleisch trocken aufbewahren. So gelagert ist es ca. 1 Jahr haltbar.

Calzium-Baby-Kekse (o. Abb.)

Das Plus für junge Hunde.

Zutaten

300 g Mehl
100 g Haferflocken
1 EL Bierhefe oder zermahlene Hefetabletten
1 EL getrocknete Petersilie oder 25 g frische Petersilie
1/4 TL Salz
3 Tassen Wasser
1 EL Kalziumkarbonat (aus der Apotheke)
1 EL Sonnenblumenöl

Trockene Zutaten mischen. Das Öl und ca. 3 Tassen Wasser dazugeben. Zu einem geschmeidigem Teig verarbeiten. Teig ausrollen und Förmchen ausstechen. Bei 180°C ca. 20 Minuten backen. Ofen ausschalten und Kekse im Ofen komplett auskühlen lassen.

Harte Beissknochen

Zutaten

450 g Vollkornweizenmehl
170 g Haferflocken
40 g Schmalz, flüssig
300 ml Wasser
1 Prise Salz

Alle Zutaten in der Küchenmaschine oder mit den Händen zu einem festen Teig verkneten. Teig zu einer Rolle formen. Von der Rolle golfballgroße Stücke abschneiden. Die Stücke zwischen den Händen zu einer Rolle formen und als Knochen modellieren.

Knochen bei 150°C ca. 1 Stunde backen. Eine weitere Stunde bei 80°C trocknen lassen. Im ausgeschalteten Ofen erkalten lassen. Über Nacht trocknen lassen.

Fin.